Ich war
ein unruhiger Kopf

Aus dem Leben des
Franz Michael Felder

Erzählt von

Heinz Janisch

Mit Illustrationen von

Sophia Weinmann

Natürlich kann man aus einem Buch herausspringen.
Man ist ja auch irgendwie hineingeraten, beim Aufschreiben.
Mein Name ist Franz Michael. Meine Eltern und Leute aus
dem Dorf haben mich meistens Franzmichel genannt.

An mein Gesicht musste ich mich lang gewöhnen.
Meine Nase war mir oft im Weg. Sie versperrte mir den Blick
in die Weite. Seit mir ein betrunkener Doktor ein gesundes
Auge ruiniert hat, stand die Nase schief im Gesicht und
störte das andere Auge beim Hineinschauen in die Welt.

Probiert das einmal, das Herausschauen aus dem Kopf mit
einem Auge! Seht ihr, was für ein Gebirge das ist, die eigene
Nase?

Seit ich als Bauernbub auf die Welt gekommen bin, wollte
ich auf jeden Baum klettern und einen Ausblick haben.
Ich wollte alles sehen. Die Welt ist zum Hinschauen da,
nicht zum Wegschauen, da bin ich mir sicher, sonst gäbe
es nicht so viel Schönes in der Natur!

Mir war das Tal zu eng, in dem ich lebte. Oft schaute ich in
den freien Himmel. Die Wolken kommen auch weit herum!
Ich wollte fort, so wie sie. Ich wollte aus dem Tal hinaus
und irgendwann wieder heimkommen. Aber erst wenn ich
mich vollgeschaut hatte mit der großen, weiten Welt!

Schon als Kind hab ich andere Welten entdeckt,
durch Bücher und Geschichten. Der alte Nachbar,
der Buchstabenkönig, der dicke Bücher in seiner
Kammer aufbewahrte, erzählte mir oft Geschichten –
schöne, schaurige Geschichten von Königen und
Drachen oder von Helden, die Siegfried hießen.

Ich dachte mir immer den Franzmichel in die
Geschichten hinein, und schon war die Welt auch
für mich ein Märchen. Im Märchen ist alles möglich.
Jeder Hirte kann König werden. Und wer die Augen
offen hält beim Gehen, der kann da und dort einen
Schatz finden!

Wenn ich mir das ausmalte im Kopf, dann wurde
mir ganz warm und schwindelig, im Innersten
und überall.

Bei uns im Tal gab es viele Kühe.
Die sind oft schöner als Menschen.

Für meinen Vater und die anderen Bauersleute waren Kühe nur Tiere, die man zum Überleben braucht. Für mich waren sie Lebewesen, die atmen und zuhören und miteinander reden, wenn wir nicht dabei sind.

Wer die Kühe sprechen hört, fällt tot um, haben die Leute im Dorf erzählt. Da bin ich froh, dass ich sie nur beim Grasfressen gehört habe, beim Wiederkäuen. Und beim lauten Herumgehen in der Wiese, mit den Schellen am Hals, die hell geläutet haben.

Die Mutter hat in ihrem Leben viel gestickt, ihre Hände
wollten gar nicht stillstehen. Und immerzu trug sie Sorge
um mich, ihren Buben, deswegen hat sie oft gebetet.

Der Vater war meistens draußen auf dem Feld, bis es dunkel
wurde. Manchmal arbeitete er auch in seiner Werkstatt,
in der es so gut gerochen hat nach frisch geschnittenem Holz
und nach Tabak. Dort hat er mit seinen großen Händen
Heuwagen gebaut für andere Bauern.

Ich durfte manchmal helfen, das waren schöne, aber auch
anstrengende Stunden. Ich wollte ja alles gut und ordentlich
machen für den Herrn Vater. Warm und gemütlich war's
am Webstuhl in der Küche, beim Spannen des Garns.
Da hat mich die Mutter oft gelobt.

Ich war gern draußen, auch im Winter.
Ich hab das Durcheinander der Schneeflocken in der Luft
geliebt, das war immer ein schöner Wirbel im Kopf.

Ein besonderer Tag war der erste Besuch der Sonntagsmesse
in der Kirche. Alles war so groß und unermesslich und feierlich,
dass mir himmelangst wurde.

Ich begann ob des Unerklärlichen ringsum zu schluchzen.
Da saß ich unter all den Menschen und Heiligen und Engeln,
und aus mir heraus kam ein so lautes Weinen, dass mein Vater
mich mit hochrotem Kopf unter den strengen Blicken der
Dorfbewohner aus der Kirche hinausführen musste.

Später wurden der Arzt und der Pfarrer meine Freunde.
Der Pfarrer lieh mir Bücher aus der Pfarrbibliothek, das hat mein
Denken weit gemacht. Und mein Umgang mit den Buchstaben
wurde durch das Lesen immer besser, auch in der Schule.

Wenn der Jahreskalender mit Bildern und Geschichten ins Haus kam, durfte ich dem Vater daraus vorlesen. Da saßen wir dann am Abend um den Kalender wie um ein Herdfeuer. Wir saßen in der Stube, und ich las vor. Mein müder Vater hörte zu und war stolz auf mich.

Einmal hat er mich sogar auf die Stirn geküsst – das kam sonst nie vor – aus lauter Freude darüber, dass ich mit den gedruckten Buchstaben etwas anzufangen wusste.

Ich hatte einen richtigen Lesehunger. Jede Woche fragte ich beim Herrn Pfarrer nach neuen Büchern.

Eine Bibliothek – ein Zimmer mit vielen Büchern – schien mir wie ein himmlischer Ort. In Innsbruck in Tirol soll es eine riesige Bibliothek geben, wurde mir erzählt, und ein Mann wohnt darin, der den ganzen Tag nur Bücher liest und sie schön aneinanderreiht!

Als ich in der Schule gefragt wurde: »Was willst du denn einmal werden?«, da habe ich nicht lange nachgedacht. »Bibliothekar«, sagte ich laut, und noch heute sehe ich das stille Staunen der anderen, die lieber ein guter Handwerker oder ein Bauer mit acht Kühen werden wollten, als mit Büchern in einem Zimmer eingesperrt zu sein.

Mein Vater war besorgt, weil alles, was ich erlebte oder las,
so einen großen Eindruck auf mich machte. Ein Bauernjunge
sollte nicht wie ein Schmetterling von Blume zu Blume fliegen,
sagte er mit einem tiefen Seufzer. Er sollte lieber wie ein
kräftiges Pferd den Pflug durch den Acker ziehen.

Ich hörte still zu. Ich wollte lieber ein Schmetterling als ein
Pferd sein. Vor Pferden hatte ich immer eine rechte Angst.

»Mit sich selbst weiß der Franzmichel gut umzugehen«,
sagte meine Mutter zu Leuten auf der Straße.
»Nur mit anderen ist er ein wenig wunderlich. Das kommt
daher, dass er so empfindlich ist.«

Ich hatte trotzdem bald einen guten Freund, das Peterle,
mit dem man Streiche aushecken konnte. Und ich hatte
nicht nur das Lesen, sondern auch das Schreiben für mich.

Denn bald begann ich, mit den Buchstaben selbst etwas
anzustellen und Geschichten aufzuschreiben, die in der
von mir gegründeten Schülerzeitung verbreitet wurden.
Und der Herr Lehrer lobte mich für meine Aufsätze.

Während es in meiner kleinen Welt im Tal ruhig und heimelig
zuging, wurde es ringsum in der Welt laut und gefährlich.
Die Zeitungen redeten von Krieg, und alle hatten Angst,
bald Soldaten zu sein und in den Krieg ziehen zu müssen,
weit weg von ihren Häusern und Feldern.

Auch wir Kinder spielten Soldaten. Ich hatte eine kleine
Trommel und rief Befehle. Ich wurde sogar zum Hauptmann
gewählt. So war ich plötzlich wer im Dorf, zumindest im Spiel.

Noch bevor der Krieg begann, starb mein Vater.
Er ging eines Tages hinaus in den kalten Schnee und kam
nicht wieder. Junge Männer fanden ihn tot auf dem Weg liegen.
Frierend kamen sie mit dem toten Vater ins Haus,
schreckensbleich saßen sie in der Küche.

Der Boden unter mir gab nach und ich sank in eine Tiefe,
die ich vorher nicht gekannt hatte. Alles um mich herum
wurde für lange Zeit dunkel.

Aber das Leben ist wie ein Mühlrad,
es geht auch wieder aufwärts.

In jener finsteren Zeit hab ich oft himmelwärts geschaut,
das Funkeln der Sterne war mir ein schöner Trost.
Wie groß und unendlich der Himmel ist!

Ich wollte für meine arme Mutter da sein, für die Tiere
im Stall, also musste ich wieder ins Leben hineinfinden.
Meiner Mutter zuliebe wurde ich Bauer, aber mein Kopf
schaute doch immerzu in eine andere Richtung, nicht
nur zu den Ziegen und Kühen, nicht nur zum Holz-
und Heuziehen. Ich wollte auch bei den Büchern sein.

Nach acht Jahren verließ ich die Schule, aber ich hatte
immer noch Sehnsucht nach einem anderen Leben.
Ich war immer schon ein unruhiger Kopf, und jetzt
drängte es mich mehr als sonst hinaus aus dem Tal.
Ich wollte in die nächste Stadt, zum Studieren. Meiner
Mutter und dem Herrn Pfarrer kam das sonderbar vor,
so wie ich im Dorf immer schon der Fremdling
gewesen war.

»Der Bub liest zu viel«, sagte die Mutter, und der Herr Pfarrer sah mich sorgenvoll an. Wer sollte sich denn um die Mutter und die Tiere im Stall kümmern?

So blieb ich im Tal, aber ich begann ein eigenes Studium, ein Studium nur für mich. Ich studierte die Leute, ihr Reden und Lachen, ich hörte mir ihre Sorgen an – und je mehr ich erfuhr von ihnen, umso näher rückten sie an mein Herz.

Jetzt, da ich zuhörte und nicht weghorchte, waren sie mir wichtiger als je zuvor. Ich redete mit ihnen, und ich verstand ihren Ärger über die Ungerechtigkeiten.

Bald war ich einer, der den Mund aufmachte, auch im Kreis der anderen. Ich ließ keinen Streit aus, wo mir etwas unrecht erschien, und so hatte ich bald überall im Dorf meine Freunde und meine Feinde.

Der wunderliche Franzmichel wurde bekannt im Tal, und so mancher begrüßte mich freundlich. Ich malte mir eine schöne Zukunft aus. Ich würde den Mund aufmachen gegen die Missstände im Tal – und ich würde ein dickes Buch darüber schreiben.

Immer noch war das Lesen und Schreiben meine ganze Freude. Ich ließ mir sogar regelmäßig Zeitschriften mit Geschichten schicken. Ringsum waren alle erstaunt, auch meine Mutter. Wie konnte man sein hart erwirtschaftetes Geld für Buchstaben ausgeben?

Seit ich alles aufschrieb, war mir jeder wichtig. Jeder war eine Geschichte für sich, und alles war wert, notiert zu werden. Bald hieß es nur noch: »Der Franzmichel steckt den ganzen Tag in seinen Schriften!«

So lebte ich zwischen den Büchern und den Kühen und Ziegen.
Ich war in der Mitte, zwischen dem Lesen und dem Leben,
zwischen dem Schreiben und dem Arbeiten, und mein
unruhiger Kopf war recht zufrieden damit, zumindest für
eine Weile.

Dann passierte etwas Schönes und etwas Schreckliches.

Ich lernte Anna Katharina kennen, die von den meisten Leuten Nanni genannt wurde. Sie war das jüngste Kind einer Familie aus dem Nachbardorf, und mir war immer wohl ums Herz, wenn sie in der Nähe war. Mit ihr auf der Ofenbank zu sitzen oder unterm klaren Sternenhimmel, das waren die herrlichsten Stunden. Sie schrieb so wie ich Gedichte, und sie liebte die Bücher!

Da hatten wir viel zu besprechen. Bald spürte ich, wie eine Veränderung in mir vorging. Jede Arbeit ging mir leichter von der Hand, wenn ich nur an sie dachte.

Nanni hegte und pflegte einen kleinen Garten.
Andere mochten kaum zu überblickende Ländereien und große Besitztümer ihr Eigen nennen – sie saß in ihrem Garten mit den wenigen Blumen, und ihre Freude darüber war unendlich groß. Nichts anderes als dieses kleine Fleckchen Erde besaß sie, und doch war es ihr mehr als genug. Das behagte mir sehr – die Liebe macht auch das Kleine groß.

Und das Schreckliche, von dem ich gesprochen habe?
Wie steht es darum?

An einem Tag im Juni trieb ich mit dem Stock ein paar
Kühe auf einer alten Holzbrücke über die Bregenzerach.
Plötzlich – mitten auf der Brücke – gab es einen furchtbaren
Krach, das Holz zersplitterte, und ich stürzte mitsamt
den Kühen ins kalte Wasser. Holzstücke schlugen
gegen meinen Kopf, ich wurde von einem Strudel erfasst
und trieb halb von Sinnen durch den Fluss.

Es waren wohl Menschen in der Nähe, und sie sahen mich auch im Wasser liegen – aber keiner kam mir zu Hilfe, alle drehten rasch den Kopf zur Seite, als hätten sie es mit einem Mal eilig.

Lange trieb ich im Wasser.

So manch einer schaute zu mir herüber, in mein nasses,
eisiges Grab, stand still und wandte sich dann erschrocken ab.
Keiner wollte mir helfen.

»So unerbittlich seid ihr also gegen mich«, dachte ich innerlich,
und es schnürte mir das Herz zusammen.

Endlich kam ein junger Mann, der sich – ganz ohne Zaudern –
ins kalte Wasser warf und mich dem Tod entriss.
»Das muss ein Mensch sein«, dachte ich noch, als ich spürte,
wie mich Hände packten, dann sank ich in einen langen Schlaf.

»Er lebt!«, sagte eine Stimme, als ich die Augen aufschlug.
Der Doktor war an meinem Bett, und meine Mutter weinte
vor Freude. Ein Freund, ein wahrer, seltener Freund hatte mich
gerettet. Er hatte mich aus dem kalten Wasser gezogen.

Auch Nanni saß besorgt an meiner Seite. Als ich begriff,
dass mir ein neues Leben geschenkt war,
konnte ich nicht länger warten.
Ich hielt um Nannis Hand an, und sie sagte gleich »Ja«.
Da war es eine beschlossene Sache.

Jetzt könnte ich mit meiner Geschichte aufhören.
Viele Märchen enden ja mit der Hochzeit, und alles ist gut.
Aber schon als Kind hab ich die Märchen gern weitererzählt.
Was passiert denn nach der Hochzeit?
Was wird aus dem Prinzen und der Prinzessin?

Herrschaftlich ging es nicht zu bei uns, doch das Glück setzt
allem eine Krone auf. Ich war glücklich mit meiner Nanni,
und sie war es wohl auch ein wenig mit mir. Fünf Kinder
wurden uns geschenkt. Am Abend saßen wir beisammen
am Tisch und besprachen den Tag. Es war trotz aller Mühen
ein gutes Leben.

Tagsüber war ich bei den Tieren, und in den langen Nächten
schrieb ich viele Blätter voll. So war ich denn endlich doch
noch ein Bauer und ein Schriftsteller geworden.

Bald erschienen meine ersten Bücher, zwei davon gar in einem
Verlag im fernen Leipzig, einer angesehenen Stadt der Kunst
und Kultur. Zwei Mal hab ich selbst die lange Reise dorthin
unternommen!

»Ein Bauer und ein Dichter« –
so wurde über mich geschrieben. Auch wurden da und dort
Geschichten von mir abgedruckt.

Die Anerkennung hat mir gutgetan. Ich wurde immer
mutiger. Bald tat ich mich mit anderen Bauern und Hand-
werkern zusammen. So viel Ungerechtigkeit gab es im Tal!
Da musste man dagegen aufstehen, wo es nur ging!
Ich wurde bei uns im Dorf in den Gemeinderat gewählt.
Und mit dem Kaspar, meinem Schwager, gründete ich
sogar eine Partei, die sich dafür einsetzte, dass jeder –
auch der Ärmste – zu seinem Recht kam.

Das gefiel nicht jedem im Dorf. So manches harte Wort
gegen mich und meine Familie wurde laut. Als unser Leben
bedroht wurde, verließ ich mit Nanni für einige Zeit das Tal.
Später kehrten wir wieder zurück. Es war ja doch unsere
Heimat! Leichter wurde unser Leben im Dorf nicht.

Wie soll man stillschweigen, wenn Menschen Unrecht
widerfährt? Muss man denn nicht seinen Mund aufmachen,
wenn alles im Argen liegt? So vieles war zum Ärgern!

Mein Zorn auf die reichen Käsehändler wuchs.
Die »Käsgrafen« im Land zahlten den Bauern immer weniger
für ihre Milch, verkauften dafür aber den Käse immer teurer.
Sie machten ihren Gewinn auf dem Rücken der armen Bauern.

Ein paar von uns taten sich zusammen und begannen mit
einem eigenen Käsehandel, was uns freilich allerlei böse
Scherereien eintrug. Doch es musste sich was ändern im Tal!
Wozu sollten die Reichen noch reicher werden?
So kam es, dass sich einige der hohen Herren im Dorf bald
vor den Worten des streitbaren Franzmichel fürchteten.

Worte können viel ausrichten, das hab ich erfahren dürfen.
Aber das Leben schreibt auch seine eigenen Geschichten.
Meine geliebte Nanni wurde krank und starb viel zu jung.
Und auch ich wurde schwer krank und folgte ihr bald.

Aber darüber ist jetzt nicht zu klagen.

Was ich erzählen wollte, ist, dass auch ein Sonderling
wie ich seinen Platz in der Welt finden kann. Die Bücher
haben mir geholfen, mich aus meinem engen Tal hinaus-
zudenken. Und sie haben meinen Kopf und mein Herz
aufgemacht. Das war gut für mich und auch für andere.

Meine Unruhe wurde ihr Glück, weil ich nachgefragt
und dagegengeredet habe, widerborstig war und etwas
verändern wollte. Nach mir haben dann auch andere den
Mund aufgemacht, und da und dort hat sich was verändert.

Das ist es, wovon ich erzählen wollte.
Man kann in ein enges Tal hineingeboren werden
und dennoch weite Gedanken haben.
Man kann hart arbeiten und trotzdem
den Schmetterlingen nachschauen.
Man kann ganz bei sich bleiben
und dennoch für den anderen da sein.
Man kann sein Glück bei den Menschen finden,
aber auch in den Büchern. Beides ist überaus kostbar.

Jetzt habe ich mich müde geredet.

Ein paar Ratschläge hätte ich noch, zum Schluss.
Klettert auf jeden Baum, der groß herumsteht.
Öffnet jede Tür, die euch neugierig macht.
Hebt manchmal den Kopf und schaut,
ob da einer ist, der etwas braucht.

Und vor allem:
Lasst euch nicht kleinreden, von niemandem.

Franz Michael Felder wurde am 13. Mai 1839 in Schoppernau in Vorarlberg in Österreich geboren. Er starb am 26. April 1869 – mit 29 Jahren – in seinem Geburtsort.

Franz Michael – von der Familie und Freunden Franzmichel genannt – wuchs in einfachen, bäuerlichen Verhältnissen auf. Durch den Behandlungsfehler eines Arztes verlor er früh ein gesundes Auge.

Er besuchte eine zweiklassige Volksschule und war schon als Kind von allem »Geschriebenen« fasziniert, so etwa von den Jahreskalendern mit vielen Geschichten, die der Vater von einem Hausierer kaufte.

Das Lesen und Schreiben begeisterte den jungen Franzmichel früh. Bald schrieb er eigene Geschichten, in denen er sich mit den Menschen und ihren Lebensverhältnissen in seiner unmittelbaren Umgebung beschäftigte. Noch zu Lebzeiten erschienen Romane und Erzählungen des Autors. Als »Bauer und Dichter« wurde er über sein Tal hinaus bekannt.

Am 4. Februar 1861 heiratete Franz Michael Felder Anna Katharina Moosbrugger, genannt Nanni. Das Ehepaar bekam fünf Kinder, die Tochter Katharina sowie die Söhne Jakob, Kaspar, Hermann und Martin.

Nur sieben Jahre nach der Eheschließung starb Anna Katharina Moosbrugger nach kurzer Krankheit, sieben Monate später folgte ihr Franz Michael Felder an den Folgen einer Tuberkulose-Erkrankung.

In den letzten Monaten seines Lebens verfasste er – bereits schwer krank – seine Autobiografie *Aus meinem Leben*, die seinen bis heute anhaltenden Ruhm als Schriftsteller begründen sollte. So verweist etwa der Nobelpreisträger für

Literatur Peter Handke in Texten und Gesprächen immer wieder auf die Werke von Franz Michael Felder, auch Autoren wie Monika Helfer oder Arno Geiger haben das literarische Werk Felders mehrfach gewürdigt.

Franz Michael Felder wurde nicht nur als Schriftsteller bekannt, er gilt auch als der erste Sozialreformer Vorarlbergs. Zusammen mit Gleichgesinnten gründete er eine Genossenschaft für den Käsehandel, er richtete einen Viehversicherungsverein ein, gründete eine Volksbibliothek.

Der umtriebige Bauer und Schriftsteller erdachte zusammen mit seinem Schwager Kaspar Moosbrugger die erste Partei Österreichs, die sich ausschließlich dem Wohl der arbeitenden Bevölkerung verschrieb. Mit ihrer »Vorarlberg'schen Partei der Gleichberechtigung« wollten sie soziale Ungerechtigkeiten beseitigen.

Seine Sozialkritik und seine gesellschaftlichen Utopien sind auch Themen seiner Romane *Sonderlinge* und *Reich und Arm* sowie seiner Dorfgeschichte *Nümmamüllers und das Schwarzokaspale*.

Franz Michael Felder ist heute ein bekannter Schriftsteller und Sozialreformer, seine Autobiografie gibt es in französischer und englischer Übersetzung. Sein kurzes, intensives Leben fasziniert und berührt bis zum heutigen Tag die Menschen, seine sozialpolitischen Aktivitäten sind vielen ein Vorbild.

Einen detailreichen Einblick in das Leben und Werk des Bauern, Dichters und Sozialreformers erhält man bei einem Besuch im Felder-Museum in Schoppernau.

Informationen

Franz Michael Felder Museum – www.schoppernau.at/feldermuseum

Franz Michael Felder Verein – www.felderverein.at

Franz Michael Felder Archiv – https://vlb.vorarlberg.at/was-haben-wir/felder-archiv

Heinz Janisch

Heinz Janisch wurde in Güssing in Österreich geboren.
Er studierte Germanistik und Publizistik in Wien. Lang-
jähriger Mitarbeiter beim Österreichischen Rundfunk.

Heinz Janisch hat bereits zahlreiche Kinder- und Jugend-
bücher veröffentlicht, für die er mehrfach ausgezeichnet
wurde. Unter anderem erhielt er den Großen Preis der
Deutschen Akademie für Kinder- und Jugendliteratur,
den Bologna Ragazzi Award, und er wurde für den
Deutschen Jugendliteraturpreis nominiert. Heinz Janisch
lebt heute in Wien und im Burgenland.

Sophia Weinmann

Sophia Weinmann ist im Bregenzerwald in Österreich aufgewachsen. Nach ihrem Studium an der Hochschule für Gestaltung und Kunst in Luzern, der Universität für angewandte Kunst in Wien, der »La Cambre« in Brüssel und der Hochschule der Bildenden Künste in Dresden lebt und arbeitet sie nun seit einigen Jahren in Bregenz als freischaffende Künstlerin.

Impressum

© 2024 NordSüd Verlag AG
Franklinstrasse 23
CH-8050 Zürich

Lektorat
Natalie Tornai

Lithografie
Günter König

Gestaltung
Kurt Dornig
www.dornig.cc

Druck und Bindung
Livonia Print
Riga, Lettland

ISBN 978-3-314-10677-4

1. Auflage 2024

www.nord-sued.com
Bei Fragen, Wünschen oder
Anregungen schreiben Sie bitte an:
info@nord-sued.com

Der NordSüd Verlag wird vom
Bundesamt für Kultur mit einem
Strukturbeitrag für die Jahre
2021–2024 unterstützt.

Wir danken dem Amt der
Vorarlberger Landesregierung
für die Unterstützung.

Dank an Norbert Häfele, dem ehemaligen
Obmann des Franz-Michael-Felder-Vereins,
der mein Interesse an Leben und Werk dieser
beeindruckenden Persönlichkeit geweckt hat.
Dem Obmann des Vereins, Walter Fink,
und dem Leiter des Felder-Archivs, Jürgen Thaler,
danke ich für ihre Ausdauer und das Wohlwollen,
mit der sie das Projekt unterstützt und beraten
haben.

Heinz Janisch

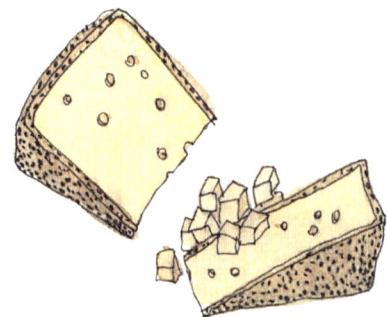

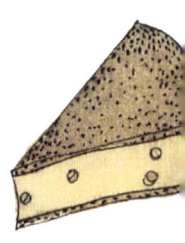